LES IDÉES IMPÉRIALES

Brux. — Typ. de A. LACROIX, VERBOECKHOVEN et Cⁱᵉ, rue Royale, 3, imp. du Parc.

LES

IDÉES IMPÉRIALES

PAR ***

Nec dominari, nec dominare.

BRUXELLES & LEIPZIG

A. LACROIX, VERBOECKHOVEN ET Cⁱᵉ, IMPRIMEURS-ÉDITEURS

RUE ROYALE, 3, IMPASSE DU PARC

—

1861

I

Il est dans l'histoire de l'humanité des
heures solennelles et terribles, où de la décision d'un homme peut dépendre à tout jamais
la perte ou le salut d'un peuple. Un dictateur,
par exemple, peut, en ôtant la liberté à un
pays, lui retirer la vie même, quand il usurpe
toutes les forces que de longs malheurs ont
remises entre ses mains, beaucoup moins
pour rétablir l'équilibre de la justice et de la
liberté, que pour bâtir sa propre fortune et
rendre toujours nécessaire son autorité per-
sonnelle.

Dans l'histoire romaine, cette heure si
grave fut celle où César Octavius eut à choisir

entre l'Empire et la Liberté, et où laissant cette antique compagne de la République qu'il accusait de toutes les horreurs des dernières luttes civiles, il préféra, pour fonder la paix, le gouvernement absolu d'un seul. Il espérait qu'avec la fin des discussions stériles et fatigantes de l'ancien régime, on verrait cesser aussi toutes les agitations et tous les tourments qu'elles causaient.

Dion Cassius a introduit dans son histoire romaine une grande scène bien connue, où Mécène et Agrippa en présence d'Auguste, lui donnent chacun leur avis sur cette décision qu'il lui faut prendre, et lui conseillent l'un la liberté, l'autre un régime qui se peut passer d'elle. Si la scène est fausse en plus d'un point, la situation du moins en est vraie; les idées de Mécène sont bien les germes de tout l'ordre nouveau qui va naître, et pour comprendre l'esprit général de cette immense révolution, à elles seules, elles pourraient suffire. Nous allons donc citer quelques traits de ce long entretien ; nous verrons ensuite que ces idées de Mécène et d'Auguste, après avoir grandi avec le temps, ont fini par tout précipiter et tout perdre; nous les suivrons dans leur histoire ; et cette histoire par malheur se prolonge jusqu'à nos jours. Presque toutes en effet, elles sont encore là parmi nous ; elles sont encore là qui nous commandent, et c'est pour cela même, qu'avant de leur obéir, nous voulons regarder dans leur passé : la moitié de l'Europe aujourd'hui les appelle à grands cris et les porte en triomphe, et nous tenons à voir, en cherchant ce qu'elles ont fait jadis, si elles sont vraiment dignes des mille honneurs qu'on leur prodigue. Comme disait Mirabeau, il y a bientôt un siècle : « Il est peut-être temps qu'après avoir « été subjugué par l'autorité des lois romai- « nes, nous les soumettions elles-mêmes à « l'autorité de notre raison, et qu'après en « avoir été esclaves, nous en soyons juges. » Voyons donc ce que furent ces idées, d'après les idées de Mécène qu'accueillit si bien Auguste (1).

Agrippa a parlé le premier : il veut la paix, mais avec elle il veut aussi la liberté. Mécène en demande beaucoup moins ; il ne tient qu'à

(1) Nous avons emprunté à Larrey, un ancien historien et apologiste d'Auguste, quelques passages de cette traduction

la paix, et son avis prévaudra. Agrippa est du reste un avocat assez faible, et nous n'avons pas à nous arrêter longtemps à son discours. Ce qui semble l'inquiéter avant tout, ce n'est pas la liberté en elle-même, c'est Auguste qui se va beaucoup fatiguer avec le gouvernement absolu. Ce prince, en effet, se charge alors d'affaires et de préoccupations : son esprit s'y épuise, sa santé s'y altère, puis chacun se plaint, et c'est sur lui qu'on fait retomber toutes les infortunes publiques. Pour répartir ses faveurs, que de difficultés il éprouve ; et si, par exemple, il les répand sans grand discernement, il donne alors bien des hardiesses au vice, en ne sachant pas le distinguer assez de la vertu, et en lui accordant des honneurs qui ne sont dus qu'à elle. « Auguste, si vous aimez votre pays, dit Agrippa en finissant, rendez-lui la liberté ; mais avant que de quitter le pouvoir absolu que vous avez en ce moment, faites de si bonnes lois qu'elles retiennent tout le monde dans le devoir, et que personne n'ose troubler la paix que vous venez de donner à l'Empire. Rendez donc au peuple, et l'armée, et les magistratures, et les fonds publics ; car si vous le faites de vous-même, et sans attendre qu'on vous l'arrache, quelle gloire et quelle sécurité pour vous ! »

Mécène répond : « Si vous aimez votre pays, et vous l'avez bien prouvé en vous exposant pour lui dans les batailles, ne l'abandonnez pas dans le mauvais état où il est. La liberté, c'est fort bien chez des gens raisonnables : la laisser aux Romains d'aujourd'hui, c'est mettre une épée dans les mains d'un fou. Ce qu'il faut, c'est que quelques mains seulement se saisissent du pouvoir et qu'il n'appartienne qu'à des hommes sensés. Gardez-le donc, et calmez l'agitation des esprits. A chacun ce qui lui convient ; aux hommes raisonnables le soin des affaires et leur délibération, comme le commandement des troupes à ceux qui les savent diriger, et le métier des armes aux gens robustes et sans fortune : de cette manière chacun est traité selon ses besoins et ses mérites, chacun a dans l'Etat sa part de travail et de services à rendre, et l'on a alors la vraie démocratie et la vraie liberté. Votre liberté populaire, c'est la pire des servitudes : à quoi sert-elle ? à ce que les citoyens se dévorent les uns les autres. Sous le régime nouveau le prince ne pense jamais qu'à honorer le mérite, et en fondant l'égalité pour tous, il rend également heureux tous ceux qui vivent sous son empire. Mais pour cela, il faut régler tout seul les affaires, et il s'aidera pour les gérer d'un conseil d'hommes éminents. Leur direction est ainsi mise à l'abri de toutes les agitations de la multitude, qui ne devra ni vous contredire, ni vous contrarier. A vous seul, la décision des guerres, l'élection des magistrats, les récompenses et les peines. Il faut enfin que les affaires soient le moins possible offertes au jugement du public, afin que toutes les entreprises, une fois présentées ne tombent pas à terre, comme on le voyait autrefois, sous les coups de l'opposition, et que nous puissions jouir un peu du présent, sans révolutions, sans troubles et sans ennuis. Nous sommes en des temps mauvais : or, grâce à Auguste, nous avons pu respirer un moment : qu'il nous conserve cette sécurité; qu'il fortifie donc son pouvoir, et qu'il s'attache, en les faisant sénateurs, les hommes éminents de l'Empire.

« Les charges seront données avec plus de justice par le choix d'un prince équitable et éclairé, que par les suffrages d'une populace incapable de discernement. Un souverain n'a rien à craindre en effet du mérite de ceux qu'il élève aux dignités, parce qu'ils lui sont redevables de leur fortune.

« Qu'Auguste laisse aux sénateurs la possession de tous les priviléges qui ne diminueront pas son pouvoir, et qu'il supprime les autres en dédommageant le sénat par de vains honneurs. Que les sénateurs, par exemple, gardent leur prérogative de ne pouvoir être jugés que par leurs pairs, qu'ils conservent aussi le droit de recevoir les ambassadeurs étrangers; mais que l'empereur retienne le commandement des armées, le droit de nommer aux charges, la distribution des peines et des récompenses, et enfin toute l'autorité. En faisant ainsi honneur au sénat et aux autres corps de l'État, il s'en rendra maître et semblera leur donner tout, lorsqu'il aura tout pris.

« Qu'il donne la charge de préfet de Rome à des sénateurs qui aient déjà exercé des charges de moindre importance, pour s'assurer des Romains en confiant leur vie et leur fortune à un magistrat qui lui soit redevable de son emploi.

« Qu'il établisse des écoles publiques, pour apprendre les sciences et les exercices militaires aux enfants de la noblesse romaine; moyen excellent pour gagner les cœurs de la jeunesse et se rallier les pères par les enfants; comment craindre en effet que les jeunes gens qu'on élève ainsi puissent jamais avoir dans l'âme assez d'audace pour aimer les révolutions?

« Qu'il maintienne toujours sur pied et toujours prêtes des armées permanentes, et qu'on ne cesse de les exercer. Mais, dira quelqu'un, où trouverez-vous l'argent nécessaire pour subvenir à de pareilles dépenses? Oui ou non, pouvons-nous vivre sans soldats; nos soldats peuvent-ils vivre sans argent? Eh bien, les impôts seront un peu plus lourds.

« Qu'il donne aux magistrats de l'Empire assez d'autorité pour maintenir la tranquillité publique, et trop peu pour se soulever contre lui, et qu'il se fasse lui-même comme le centre de toute autorité.

« Qu'il pourvoie au repos de Rome en abolissant toutes les assemblées populaires; à sa magnificence, en l'ornant de somptueux édifices, et à ses divertissements par la pompe

des spectacles, n'y ayant rien de plus nécessaire pour s'assurer du peuple que de l'occuper et de le divertir en même temps. Il faut
du reste que nous soyons les premiers du
monde dans la paix comme dans la guerre.

« Qu'il oblige les provinces tributaires à se
servir de la monnaie et de la mesure d'Italie,
et qu'il tâche de les former aux coutumes des
Romains et de les rendre dépendants en toutes
choses de ces derniers, afin que les nations
étrangères rapportent tout à Rome, comme
ceux-ci doivent tout rapporter au prince.

« Qu'il ne punisse point les conspirations,
mais qu'il en renvoie le jugement au sénat, et
qu'il tempère encore par sa clémence la sévérité de ses arrêts, ce qui peut lui attirer non
seulement l'amour des gens de bien, mais
encore celui de ses plus grands ennemis ;
qu'il dissimule les moindres crimes se con-
tentant de punir ceux qui pourraient troubler
l'ordre public.

« Qu'il se fasse respecter comme un Dieu,
et que sa nature semble inviolable.

« Mais qu'à son tour il respecte la religion
de ces ancêtres, ayant soin des augures et des
aruspices : qu'il force tous ses sujets à la

même vénération, et qu'il déteste et punisse ceux qui voudraient apporter des dieux inconnus ; un culte nouveau peut causer en effet une agitation nuisible dans le pays, des discussions et une opposition dangereuse aux idées générales, toutes choses qui ne peuvent aller avec le régime actuel.

« Qu'on se défie encore de ceux qui se prétendent philosophes : tous, loin d'être comme Arius et Athénodore, sont, pour la plupart, au contraire, de grands amis des révolutions, qui, sous le manteau de la philosophie, ne font qu'agiter les têtes et ne cessent de troubler l'ordre.

« Que tous ceux qui voudront donner des conseils à l'empereur, puissent lui parler en toute liberté ; il n'en fera jamais que ce qui lui plaira d'en faire, et il peut s'en trouver d'excellents à suivre.

« Qu'il vive avec beaucoup de luxe. Est-il en effet pour lui un bonheur plus grand que de pouvoir répandre sur tous ses sujets, les richesses qui lui arrivent ?

« Qu'il protége les arts libéraux, prenant soin d'avancer ceux qui y excelleraient.

« Qu'enfin sa règle la plus sûre pour rendre sa domination agréable soit de gouverner les autres comme il voudrait être gouverné lui-même, si la fortune l'avait fait pour obéir. » Si la fortune l'avait fait pour obéir, j'ose croire qu'il se fût voulu libre.

César loua Agrippa et Mécène de l'intelligence et de la franchise avec lesquelles ils avaient parlé l'un et l'autre ; mais il s'arrêta de préférence aux sages conseils de Mécène ! Cependant il ne mit pas encore à exécution tous les grands projets que celui-ci avait fait passer devant ses yeux. Il craignait de tout changer d'un coup dans la République, et, comme dit Montesquieu, il aima mieux, le rusé tyran, la conduire doucement à la servitude. Il ne fit donc en somme qu'une petite partie des changements qui s'allaient opérer et laissa le soin des autres à ceux qui devaient venir après lui.

Ce que Mécène aime à répéter et Auguste à écouter sans doute, c'est que les Romains ne sont plus dignes de la liberté, et qu'on ne saurait trop vite leur en retirer l'usage. Jadis elle était possible avec plus d'honnêtes gens et de beaux caractères : mais les Romains d'aujourd'hui ne sont plus faits pour elle et la leur laisser, ce serait la plus grande des folies. Devenir indigne de la liberté, mais n'est-ce pas là pour un peuple une si haute et si terrible infortune, que, dès lors, le devoir des hommes d'État qui se trouvent à sa tête, ne doive être en vérité de tout mettre en œuvre pour l'arracher à un pareil malheur, et par conséquent de le toujours respecter jusqu'en sa chute la plus profonde et son plus profond abaissement? Ce ne fut pas là pourtant l'ambition d'Auguste, et le programme de l'Empire n'annonçait guère, ce me semble, qu'on dût jamais avoir des intentions si généreuses.

La pensée dominante chez Mécène; c'est tout au contraire qu'il faut au bénéfice de l'autorité, affaiblir le plus possible la liberté individuelle, et l'individu, au bénéfice de la société. L'ordre et la paix, voilà l'important; mais alors tout ce qui peut servir à encourager chez l'individu une résistance quelconque, protége pour ainsi dire un trouble et un danger. Plus rien donc, au nom du salut public, qui puisse abriter une opposition; plus rien qui puisse défendre l'indépendance des citoyens : la main de l'État doit pouvoir

tout atteindre, tout saisir, et très vite. Dès
lors, plus de libertés municipales ou des
libertés municipales vraiment dérisoires ; plus
de droit d'association, plus, en un mot, de ces
forces collectives, qui peuvent à un jour
donné, pour sauvegarder un citoyen, se dres-
ser en face de l'État et l'empêcher de passer
outre. Il faut que tout citoyen se trouve isolé
devant lui et sans grande défense, s'il est possible ; il faut, que si l'ordre est troublé par
quelqu'un, l'on puisse sans lenteur avoir raison de cette lutte et rétablir l'ordre.

Mais mieux vaut prévenir le mal que le
laisser faire et le punir ensuite ; que l'on com-
prime donc, si l'on peut, toute agitation dans
le pays. Éteindre les passions politiques, voilà
d'abord la chose essentielle ; et pour cela que
l'État lui-même prenne en main l'instruction
publique ; que, de bonne heure, il empêche
les esprits d'errer à la suite de rhéteurs pom-
péiens et de philosophes révolutionnaires.
Quant à la religion, elle parle du ciel et ne
se doit pas occuper des choses d'ici bas ;
cependant l'on surveillera les augures et les
aruspices ; et le pouvoir essayera de les nommer lui-même, ou tout au moins de se les atta-

cher par les moyens d'usage en pareil cas. L'autorité sera centralisée, et de même aussi toutes les forces militaires. De cette façon, du reste, les affaires suivront une marche plus régulière et plus rapide. Enfin, ce que ne fera pas la force, la séduction le saura faire : dans les mêmes mains en effet où nous avons déjà vu toute l'autorité, nous trouvons aussi toutes les places et tous les honneurs; or puisque tout s'achète, avec cela l'on achètera des âmes. Et c'est dès ce moment à qui se fera le plus lâche et le plus rampant, à qui mettra le plus d'empressement dans sa servile obéissance, et, parmi tous ces empereurs bons ou mauvais, pas un cependant qui semble un seul jour, une seule heure, s'être senti tout écœuré par tant de bassesses, dégoûté de tant de complaisance, fatigué de tant de plats valets.

Pour bien voir ce qu'a fait peu à peu l'Empire de tout ce qui protégeait autrefois l'indépendance et la dignité des citoyens, il suffit d'examiner ici ce qu'est devenue dans ses mains l'organisation judiciaire. Autrefois, le jury partout, c'est à dire, des citoyens romains décidant eux-mêmes de la liberté, de la fortune et de la vie des citoyens. « Ce *Judex*, dit M. Laboulaye dans une de ses belles études sur les Romains, le *Judex* était respecté par les parties qui l'avaient élu, et, par sa position indépendante, il était mis à l'abri des influences qui circonviennent quelquefois un juge nommé par le gouvernement, placé par l'ambition sous la dépendance du maître et dont l'obéissance à un caprice du pouvoir ou de l'opinion peut faire la fortune. » Or, nous savons la grande révolution de Dioclétien : les juges sont nommés par l'empereur, et ce système nouveau, créé, comme on le voit, par le despotisme, et pour les besoins du despotisme, ce système règne encore aujourd'hui dans une grande partie de l'Europe. L'appel est aussi de ces temps mauvais : il fait de l'empereur le suprême pouvoir judiciaire en mettant la hiérarchie jusque dans la justice. Le droit d'accusation, tout citoyen l'avait autrefois; mais que de dangers en lui, que d'agitation il amène! quels scandales il peut dévoiler! que de gens du pouvoir, et dont le pouvoir a besoin, qu'il peut renverser et perdre! Il atteint tout le monde, partout, si haut qu'on soit, et ne sait faire grâce à personne. Une arme si terrible, on ne la pouvait laisser aux mains des citoyens. Aussi après l'avoir avilie, s'empresse-t-on de la leur retirer, et ce droit est désormais au ministère public, et à lui seul.

On ne pourrait donc pas, avant de confisquer les libertés, essayer un peu de corriger leurs abus, et faut-il les emprisonner toujours, pour les empêcher de commettre quelquefois des excès?

Ainsi, voilà la justice dans les mains du pouvoir, et l'empereur est le souverain juge. Il l'est aussi dans l'ordre administratif. Là aussi tous les magistrats, nommés autrefois par le peuple, sont maintenant nommés par l'empereur; et c'est envers lui seul qu'ils sont responsables de leurs actes. Mais d'où lui vient cette puissance souveraine et illimitée? Les jurisconsultes assurent dans leurs écrits que tous ces droits, il les tient d'une délégation du pays; que ces droits qui étaient au peuple, le peuple les lui a abandonnés, et il a donc en lui tous les droits du peuple. Quelle fiction étrange? Quel mensonge terrible, et qui en vérité l'eût osé soutenir devant un Néron ou un Caligula? Quand un peuple a-t-il jamais eu le droit de céder tous ses droits, comme un homme libre d'aliéner les siens pour la vie?

Et, maintenant, plusieurs choses de détail, mais qui montreront bien tout l'esprit de la législation nouvelle : la prison préventive est aussi née sous l'Empire; et d'où vient cette réforme? C'est encore, vous le voyez bien, de cette même idée que l'intérêt de la société doit passer le premier, et que l'important n'est pas de protéger l'individu, mais de protéger la société. Ce dédain de l'individu va même si loin, que la torture, ce supplice avilissant qui, autrefois, ne pouvait être donné qu'aux esclaves, on l'étendra jusqu'aux hommes libres : et un tel outrage semble passer tout inaperçu; sous une telle insulte, pas un souffle d'agitation qui s'élève, pas un de ces hommes libres qui frémisse, quand frémiraient peut-être des esclaves!

Quelle différence avec les anciens temps! A ces époques viriles, où Rome était si grande, comme sont grands aussi tous ses citoyens! de quel respect la loi les entoure : comme est belle leur dignité, et comme cette République est bien une assemblée de rois! Rome a son *habeas corpus* (interdit de *libero exhibendo*), son jury même, et la loi civile est toute imprégnée du même esprit que la loi politique. Voyez la tutelle, par exemple; voyez comme la loi s'y montre impatiente de voir le jeune Romain agir par lui-même et regarder lui-même dans ses affaires; voyez encore les questions du mandataire et du représentant. Partout enfin vous trouverez pour l'individu comme une sorte de respect religieux; il va parfois jusqu'à l'excès et à la minutie, mais qu'il me semble pourtant, avec ses ridicules mêmes, chose mille fois meilleure que l'odieux mépris des Césars pour leurs sujets et pour leur dignité. De tous ses citoyens, la vieille Rome, en un mot, voulait faire des rois : et tous ces rois, tous ces nobles à la tête si fière, l'Empire les remplacera par des esclaves et par des lâches.

On le remercie pourtant d'avoir effacé pour toujours l'ancienne inégalité des plébéiens et des nobles, et ainsi d'avoir à tous donné l'égalité. Mais quel est-il ce magnifique présent qu'on fait sonner si haut? Est-ce pour tous à la fin le droit de monter libres et forts vers la vie énergique de l'ancienne aristocratie romaine, et ne lui a-t-on arraché ses droits, comme à un avare ses richesses, que pour les répandre sur tous les citoyens, comme une fortune publique? Ce n'est pas là ce qu'ont fait les Césars, et çe n'est pas ce qu'ils ont voulu. L'égalité de l'Empire romain, c'est l'égalité des valets sous leur maître, et ainsi, quand tous les fronts sont courbés à un même niveau sous la main d'un tyran, on appelle cela le triomphe de l'égalité. Ce qu'on ne voit pas assez, c'est que l'égalité, comme la comprennent la moitié des hommes, est l'une des meilleures amies du despotisme : presque toujours elle lui prépare les voies; et quand elle n'est pas encore là où il veut entrer, il s'empresse de l'y établir. Rien ne le peut gêner en effet, comme des têtes trop fières et trop hautes, et c'est pour cela qu'il tue si vite l'aristocratie, et, pour la remplacer, émancipe les serfs et les plébéiens. Or, serfs et plébéiens, les fera-t-il sortir de leur corruption et de leur faiblesse? Les fera-t-il grands en un mot, grands comme les vieux nobles d'autrefois? Voyez à Rome. L'Empire entre dans la société au moment où elle s'amollit et s'énerve; les dieux s'en vont, et avec eux aussi la force

s'en va des âmes et la fierté des caractères ;
pour rendre au pays un peu de son énergie
morale qui s'épuise, il faut la liberté ou
jamais : que feront les empereurs? Les empereurs songeront à leur ambition ; ils feront
tout d'abord leurs affaires, et l'on voit alors
des choses bien odieuses et bien capables de
jeter une amertume sans nom au cœur des
honnêtes gens. Pour rester toujours le plus
fort, voilà le despotisme qui affaiblit sans
cesse le pays. Ce sont les vices et la corruption d'un peuple qui ont appelé la tyrannie
chez lui, et maintenant voilà la tyrannie qui
nourrit magnifiquement ces vices, comme de
bons amis dont elle a besoin, qui l'ont servie
et la serviront encore.

Un génie sublime des derniers temps de
l'Empire nous fait de lui ce vivant portrait :
« On se soucie peu, dit-il, que l'Empire soit
infusé de vices : on ne veut qu'une chose,
qu'il reste debout. Des richesses, de l'or, des
victoires et des triomphes, surtout une par-
faite tranquillité, et peu importe tout le reste.
Qu'on fournisse matière à toutes les voluptés
du peuple : le peuple n'en demande pas davantage. Souciez-vous peu que vos sujets

soient bons, pourvu que vos sujets soient soumis. Des courtisanes, de grands et de beaux édifices ! Qu'on puisse jouer, boire, danser comme on veut : ces libertés-là valent les autres. » Mais saint Augustin n'a pas tout dit : et cette jeunesse, qui n'a plus ces grandes passions, ces grandes colères, ces grandes émotions enfin qui ne peuvent naître qu'en des âmes libres ; et ces ambitions basses, en place d'ambitions nobles ; et pour tous en un mot cette vie sans dignité, dont le but c'est l'argent, et ce n'est plus l'honneur ! Quels hommes, quels citoyens sortent de là ! Et quel pays !

La corruption amène le mépris du mariage qui amène la dépopulation ; et les campagnes sont abandonnées pour les villes : dans celles-ci l'on s'amuse, dans celles-là l'on s'ennuie. Contre tout cela alors luttent les Césars épouvantés : mais c'est en vain, les lois ne changent pas les mœurs, et leur gloire ne peut rien contre elles. L'Empire peu à peu s'éteint, et comment, vous le savez.

Il a de grands princes cependant ; il a des lois excellentes, des armées énormes, d'immenses richesses. Les discours officiels van-

tent tous son état florissant ; et il meurt
malgré d'aussi belles apparences, il meurt
sans que personne même ne s'en doute. C'est
qu'un pays sans liberté est un corps sans âme,
et un corps sans âme est un corps sans vie.

Voilà donc où l'Empire en était arrivé avec
ces maximes de socialisme et de despotisme
tempérés, que nous avons exposés plus haut.
Néanmoins on a voulu, dans ces derniers
temps, placer quelques-unes de ces tristes
époques parmi les plus heureuses de la vie
du monde. Si le repos, le calme du silence,
des richesses et des fêtes nombreuses peuvent
faire le bien des sociétés, aucune sans nul
doute ne fut plus heureuse que la société
romaine. Mais ce n'est pas en tout cela, ce
me semble, que le vrai bien peut résider
pour elles. Est-il pour un homme même dans
cette vie douce que peut donner une position
magnifique, où, comme dirait de Maistre, la
bête se trouve bien nourrie, bien vêtue, bien
chauffée : non, l'homme heureux, ce n'est pas
celui-là. C'est celui plutôt, j'ose le croire, qui
a parfois au cœur de grands sentiments et de
fortes émotions ; c'est celui qui, pour la cause
de la justice, s'agite sans cesse et sans cesse

s'inquiète, dût-il même sans cesse en souffrir, celui enfin qui toujours et partout peut tenir son front haut et fier, sans regret du passé ni peur de ce qui peut venir : voilà l'homme heureux selon moi. Et de même entre tous les peuples, le plus heureux en vérité ne me paraîtra pas celui dont la bête aussi se trouvera le mieux au soleil, et dont la vie tranquille ne se tourmentera jamais pour ces saintes chimères dont la poursuite est chez d'autres un éternel objet de troubles et d'ennuis, mais celui au contraire qui ne les craindra pas, ces troubles et ces ennuis, celui qui verra à sa tête le plus d'hommes justes et honorables, celui en un mot où l'autorité de la vertu sera le plus respectée et où la concorde entre tous les citoyens viendra non de la force, mais d'une estime et d'une affection mutuelles. Or, si l'Empire romain fut heureux, je ne crois pas que ce fut ainsi !

Les premiers beaux jours du despotisme font souvent illusion et trompent les esprits légers. On ne voit pas que si une nation a pu alors briller un moment sous lui, elle le doit au sang libre et pur qu'elle avait conservé dans les veines. La cause, ici comme ailleurs, est lente à produire son effet : et ce qu'il faut regarder avec soin, pour trouver ce que le despotisme peut donner, ce ne sont donc pas ses premières années, où le sang de la nation n'est pas encore tout à fait corrompu, mais les générations qui sont bien ses filles et bien ses élèves.

On vante beaucoup aussi ces princes qu'on a appelés les délices du genre humain, on leur tient compte, et l'on a raison, de leurs vertus privées, de leur modération au pouvoir et du grand soin qu'ils donnaient aux affaires de l'Empire. C'étaient à la fin d'honnêtes gérants que l'on commençait à rencontrer, et cela seul était beaucoup. Mais si modérés que fussent les Antonins, et si puissant même que fût leur amour pour la justice, ont-ils jamais rien fait pour rendre aux citoyens leur énergie morte, en leur rendant la liberté, ont-ils jamais pensé à remettre le peuple en possession de tous les biens qu'ils occupaient à sa place, et en un mot à mettre un terme à leur perpétuelle dictature ! Et du reste, comme l'a dit quelque part M. Laboulaye, et rien n'est plus important à répéter, ce qui a dans tous les temps distingué les pays libres, c'est qu'on n'y a jamais demandé aux hommes et à leur modération ce qu'on peut obtenir de la justice des lois. » Or ces princes ne songèrent pas un instant à rien changer aux institutions, et ces institutions étaient vicieuses. La société put donc retrouver sous ces honnêtes gens un peu de calme et de repos, un peu de vertu et de pudeur, mais les citoyens ne reçurent pas d'eux plus d'indépendance, et partant plus de force.

La société romaine finit par ressembler tout à fait à une monarchie d'Orient, tantôt tranquille, tantôt agitée par des meurtres et à l'entière merci des scélérats; mais sur cet air de famille, pour ainsi dire, qui rapproche ainsi le despotisme des rois d'Orient et celui des empereurs romains, je demande à m'arrêter un instant : en remontant plus haut encore dans son passé, nous le peindrons et le connaîtrons encore mieux.

Je ne crois pas qu'on ait jamais osé soutenir, pas même sous l'Empire romain, et pour plaire à des Césars, que les monarchies d'Orient avaient donné à l'humanité ses heures les plus heureuses et les plus belles. On sait quelle estime faisaient d'elles et les Grecs au temps d'Eschyle et les Romains au temps de la République : or en vérité l'on ne peut trouver entre elles et la monarchie des Néron, des Héliogabale et des Dioclétien, une bien grande différence. Ce que l'Empire romain peut avoir de plus qu'elles toutes, c'est le prestige d'un magnifique passé, ce sont des formes plus grandioses encore, des lois civiles bien meilleures et aussi une meilleure organisation de la magistrature et de l'armée : ce n'est ni plus de dignité, ni plus d'énergie morale, ni plus d'honnêtes gens chez lui. Des deux côtés je vois comme principes dominants un même mépris de l'individu, une même insouciance de ses droits les plus impérieux, et cette même idée toujours présente que la chose essentielle, c'est l'intérêt de la société et le salut de l'ordre : quant aux faits extérieurs, c'est aussi la même magnificence, le même gaspillage des fonds publics; la même passion chez les princes de plutôt faire des monuments que de faire de grands citoyens, et une même prétention aussi à une sorte d'adoration religieuse, comme était celle par exemple qu'on rendait au roi d'Égypte, et comme est celle qu'on rend aujourd'hui à l'empereur de Chine.

Oui, toutes ces idées romaines, c'étaient bien les mêmes que celles qui depuis des siècles formaient le triste cortége du despotime oriental ; et le triomphe de l'Empire, ce n'est pas autre chose qu'un immense triomphe de l'Asie sur l'Europe. L'Asie, victorieuse enfin, envahit toutes ces vieilles terres libres contre lesquelles elle s'était brisée si longtemps, et ses vices sont la conquête que n'avaient pu faire ses armées.

Toute sa corruption depuis les guerres en Orient s'était à grands flots précipitée dans Rome. On sait tout ce qu'en Italie il y avait dès les premiers jours de l'Empire et d'Orientaux, et de dieux orientaux et d'idées orientales. Auguste vit beaucoup l'Égypte, pendant qu'il rêvait à sa future puissance, et l'Égypte était le modèle de l'absolutisme et d'une forte centralisation.

Mais lui, qui voyait si bien ce qui saurait servir à ses intérêts personnels, ne pouvait-il voir aussi tout ce qu'il y avait dans ces institutions despotiques de mépris pour les citoyens, et d'outrages pour la dignité d'un pays ? Et le spectacle de ces peuples dégradés à jamais, et le souvenir de leurs constantes défaites, chaque fois que ces esclaves et ces lâches s'étaient trouvés devant des bataillons d'hommes libres , tout cela enfin cachait un enseignement, et il l'eût dû comprendre, le profond politique. Il pouvait se le rappeler cette sainte victoire de Marathon, qui la première avait montré au monde, ce que valent des citoyens forts et ce que valent les sujets des despotes, ce qu'un pauvre État peut faire avec la liberté, et ce qu'une grosse monarchie fait sans elle. Et pourtant quelles étaient ces armées d'Asie ! Comme tous ces Empires semblaient forts ! Quelle puissante administration l'on y trouve, et quelle centralisation admirable ! Mais où sont les citoyens énergiques ! Pourquoi tous ces vivants ressemblent-ils à des morts ? Voyez-les tous , comme ils sont énervés et lâches ! Ils meurent, et aucun grand mouvement n'a jamais enflammé leur âme, et aucune pensée grande illuminé leur front ! Eh bien, tous ces déserts de cendre humaine, ils vont d'Asie passer en Europe, et ce sera grâce au despotisme. Ces mœurs, ces habitudes et ces institutions qui ont ainsi perdu toutes ces monarchies orientales, les Césars vont les porter dans Rome, et l'Asie, comme disait si bien un poète, se sera vengée d'elle en lui donnant sa corruption. Mais au moment où ce monde oriental envahissait comme une bacchanale le monde romain et l'Europe, au moment où les anciens vaincus de Marathon remportaient un si grand triomphe, au moment où dans leurs sépulcres pouvaient tressaillir de joie les ombres des Darius et des Xerxès, et où la liberté haletante ne savait plus à Rome où chercher un refuge, à ce moment terrible naissait, par un coup merveilleux de la providence, le plus puissant de tous les alliés de la liberté et le plus ferme de tous ses défenseurs : c'était le Christ, et c'était un Dieu !

———

II

Le Christ apportait au monde non seulement la plus grande des révolutions religieuses qui ait jamais été, mais aussi la plus grande des révolutions sociales et politiques. Ces révolutions ne sont pas encore finies, et la lutte des idées du Christ contre les idées romaines reprend même aujourd'hui avec un acharnement nouveau.

On a dit avec raison qu'il y avait un système politique dans tout système philosophique ou religieux, et, si par exemple les doctrines des panthéistes et des athées peuvent être au despotisme d'un excellent secours, des vrais principes de la religion du Christ ne peut sortir que la liberté.

On a prétendu cependant qu'elle pouvait vivre en bon accord avec toutes les formes de gouvernement, et rien, ce me semble, n'est plus faux d'abord, et ensuite plus injurieux pour elle. Une religion chrétienne rester jamais en paix avec des tyrans! Mais la tyrannie est un perpétuel outrage à tous les droits de la nature humaine, et le christianisme un perpétuel enseignement du respect de l'individu et de son âme libre. Il y a bien là en vérité deux principes irréconciliables et qui en présence l'un de l'autre ne peuvent éviter de se combattre. Que dit le christianisme? que pour sauver l'homme, Dieu lui-même est descendu sur la terre, y a souffert et y est mort, que selon la sublime parole de saint Clément, Dieu se fit homme alors afin que l'homme apprit comment on devient Dieu, et, qu'on croie ou non à ces magnifiques mystères, il y a toujours dans ces articles de foi le plus haut hommage qu'on ait jamais rendu à l'humanité et à la grandeur de sa nature. Le Christ enfin, en nous rappelant sans cesse que le sang qui coule dans nos veines est du sang noble et divin, en donnant à la vie une fin sublime que personne n'eût osé rêver jusqu'à lui, en appe-

lant toujours vers les hauteurs les plus sereines et notre âme, et nos pensées, et nos
ambitions, le Christ a tout fait pour rétablir
la dignité humaine, et, par là même aussi,
tout fait pour la liberté.

Et maintenant il est facile de comprendre
que rien n'est plus opposé à cet esprit nouveau
du christianisme que l'esprit romain que nous
avons vu : or de principes tout différents doivent sortir des conséquences toutes différentes.

C'est un ordre apparent qu'établissent d'or-
dinaire la force et les gouvernements qui se
disent forts : c'est un ordre réel que peut fonder le christianisme.

Lui aussi veut la paix; mais, pour l'obtenir, il n'ira pas, comme les Césars, détrui-
sant partout la liberté et la vie : il rétablira
l'harmonie entre tous les éléments dont la vie
se compose, il appellera sans cesse à une
vraie concorde tous les hommes et toutes les
classes de la société; sa seule arme, ce sera la
parole, la parole, qui, disait-il, peut incendier
des mondes, comme une faible étincelle em-
brase des forêts; et c'est avec ces moyens si
nouveaux que dans les empires il sait mettre
la paix, et une paix véritable.

Voyez le paupérisme : les riches ont trop, les pauvres n'ont pas assez ; les uns ont du pain et les autres n'en ont pas. Un jour pourtant il faut rétablir l'équilibre. Or, pour cela, il y a deux moyens, et deux moyens seulement : ou vous volerez et pillerez les riches, sans nul respect pour la propriété, ou ceux-ci, et d'eux-mêmes, sauront donner aux pauvres ce qu'il faut pour les soulager ; le vol ou la violence, en un mot, ou le libre abandon chez les riches d'une assez grande part de leurs biens. Le Christ, qui maudit toujours la violence, enseigne toujours la charité ; qu'entre l'une et l'autre on choisisse, et qu'on choisisse vite.

A Rome, vous savez comment l'on se tirait de pareilles difficultés. On nourrissait la populace, comme on faisait des animaux du cirque, en lui jetant de loin de la viande et du blé : mais quant à s'approcher jamais de tous ces animaux avec un peu de pitié dans l'âme et des paroles d'amour aux lèvres, quant à songer jamais à en refaire des hommes, ce sont là, on le sait bien, des idées chrétiennes et de saintes nouveautés que ne connaissaient pas les Romains. Leur religion a-t-elle un seul jour dit aux riches d'aller trouver les pauvres? A-t-elle un seul instant pensé à leur misère? A-t-elle fondé des hôpitaux? Toute cette tendresse et cette charité pour les malheureux, elle date bien du christianisme; et le peuple, en aucun temps, ni en aucun pays, ne devrait oublier que le Christ fut son premier comme son meilleur ami; et qu'avant lui, personne, homme ou Dieu, n'était encore entré dans une misérable chaumière pour y consoler des gens de rien qui y souffraient, et leur tendre la main, comme un frère à ses frères. Oui, dans tout cela, il y a bien, comme je l'ai dit, une immense révolution sociale; et voilà l'un des plus terribles problèmes, qui tourmentent aujourd'hui la vie des sociétés, résolu par le Christ avec une simplicité sublime.

Mais il y a quelque chose de plus : l'âme aussi a ses souffrances; elle aussi veut de la nourriture, et celle des pauvres n'en reçoit pas. Or, c'est là que le christianisme est admirable. Qu'un esclave eût une âme, et que cette âme fût grande ou non, voilà qui tourmentait peu les Césars; voilà qui tourmente des chrétiens. A Rome on n'eût jamais pensé à donner à la populace d'autres soins que des

soins matériels : et le christianisme veut que
tout homme sur la terre ait sa part d'éducation morale, que la vie soit partout, que partout enfin dans la force et la joie se relèvent
ensemble le corps et l'âme.

Mais ne confondez pas, comme on le fait
si souvent, l'instruction et l'éducation. Un
homme instruit peut manquer de caractère et
de cœur, et vous voyez ainsi que l'instruction
n'est pas tout : elle n'a même servi bien souvent qu'à rendre les scélérats un peu plus
adroits, le crime plus rusé et plus élégant, le
vice plus dangereux encore. Avec elle, il faut
donc quelque chose de plus, et c'est pour
l'âme une forte éducation, une éducation qui
la fasse énergique et pure, capable de résister
à toute tentation mauvaise. C'est cette éducation même que le christianisme vient apporter dans la société, et dans toutes les classes
de la société; c'est elle que vous trouvez dans
les États vraiment chrétiens et vraiment libres ;
quant au despotisme, il a si peur d'elle, qu'il
se garde bien de la recevoir chez lui. Et ne
voyez-vous pas en effet les révolutions qu'elle
peut faire? Pour tous, pour les basses classes
elles-mêmes, elle prépare une véritable indé-

pendance ; elle crée une véritable égalité, et ce n'est plus celle des Césars ; c'en est une nouvelle, et bien terrible pour eux. Ce n'est plus l'égalité dans la servitude et dans l'impuissance, celle du tombeau pour ainsi dire : c'est l'égalité dans l'énergie morale, dans la grandeur et dans la liberté. Le Christ en effet ne veut pas d'une cité comme celle des Césars, « où la paix n'est obtenue que par l'inertie des citoyens, et qui est plutôt une solitude qu'une cité (1) ; » sa cité sera une cité de lumière, de vie et de résurrection, et la force l'habitera avec la justice.

Ainsi, pour régénérer la société tout entière, nous avons vu que le christianisme n'employait pas la violence et ne se servait que de l'éducation : il régénère d'abord chacun des individus que la société renferme, et l'ensemble de ces transformations partielles amène une transformation générale. On a alors ce que saint Paul a rêvé dans l'ordre religieux seulement, mais qu'il eût pu rêver aussi dans l'ordre social et politique, on a des âges nouveaux où la *foi* finit par remplacer la

____

(1) Spinoza.

loi, c'est à dire où la volonté des citoyens accomplit d'elle-même ce que la loi lui commandait jadis. Dans la vie des sociétés, en effet, comme dans celle de tout homme en particulier, il peut y avoir deux époques bien différentes : la première, où l'on obéit à la justice sans la comprendre encore et le plus souvent malgré soi; la seconde au contraire, où l'on fait le bien sans effort parce qu'on l'aime aussi sans effort. Tant que les sociétés demeurent, comme disait saint Paul, sous l'Empire de la *loi*, c'est le glaive et toujours le glaive qui règne : mais l'autre état pour elles, c'est au contraire un état d'indépendance; c'est ce sublime état de force et de sagesse, où, par le mérite d'une grande éducation donnée aux citoyens, sans que les lois aient à les menacer toujours, sans que l'autorité ait sans cesse à agir, la justice s'accomplit et l'harmonie dure. Un tel idéal, comme tout idéal, est, je crois, impossible à atteindre; mais on peut du moins s'en rapprocher un peu, et voilà en vérité ce que doivent vouloir des chrétiens et des âmes libres.

Ainsi de telles révolutions se font et ne se peuvent faire que par la lente transformation des mœurs, et de l'âme même de sa société, et c'est toujours à ce grand principe que nous arrivons, principe bien chrétien et qui n'est certes pas celui qui dirigea les Césars, que l'individu est tout et qu'on le doit respecter et fortifier sans cesse. Vous avez alors une société puissante ; vous avez alors une société politique comme le Christ voulait une société religieuse.

Lui, en effet, pour juger si une Église est forte et durable, s'arrêtera-t-il longtemps à regarder si son organisation est excellente, si ses dogmes sont bien établis, si son culte est magnifique, si la foule se presse dans ses temples, et si enfin rien n'est plus imposant que tout ce qu'on peut voir d'elle au dehors. Non, ce n'est pas en tout cela qu'il dira à une Église de placer sa confiance : mais ce sera dans la disposition intérieure de chacun de ses membres, de chacun de ses citoyens. Que toute âme y soit vraiment pure, et la religion alors se pourra proclamer florissante, et se croire à l'abri des dangers. Elle deviendra cet arbre magnifique dont il parle dans sa parabole du sénevé, cet arbre si haut qu'il atteint le ciel même et que ses branches supérieures

se baignent tout entières dans les plus purs
rayons du soleil, cet arbre si solide qu'aucun
vent ne peut plus l'abattre, et si tranquille
que toutes les joies, comme les oiseaux du
ciel, y viennent descendre et s'abriter. Eh
bien, je le répète, la société doit s'élever
comme cette religion que le Christ nous montre, et le respect de l'individu, c'est un grain
de sénevé, qui, rien à la vue, est pourtant
tout rempli de miracles.

Mais le christianisme ne s'arrête pas là : du
respect des citoyens, il nous élève encore au
respect des peuples. Tous, lui aussi, il les
veut réunir en un seul, mais une fois de plus
ce ne sera pas avec les moyens des Césars : ce
ne sera jamais que par la justice et l'amour.
A ses yeux, le monde est comme une grande
cité, dont les peuples sont les citoyens; tous
les hommes sont frères, et cette fraternité,
dans ses immenses aspirations, c'est le monde
entier qu'elle embrasse. Or, ne suit-il pas de
ces sublimes idées, si bien développées par
saint Paul, qu'entre les peuples les rapports
de justice doivent être en tout temps les
mêmes que ceux qui, dans une société, unis-
sent les citoyens entre eux? Et alors il n'y

aura pas deux vérités ni deux justices : la violence qui d'homme à homme, ne peut établir aucun droit n'en pourra davantage établir de nation à nation. Un citoyen, d'un consentement aujourd'hui unanime, et même en Russie, n'a nul droit d'en terrasser un autre, de lui mettre le pied sur la gorge, et de lui dire : tu seras mon esclave ou je te tue; et un peuple entier n'aura pas davantage ce droit infâme, qu'on semble lui reconnaître encore en ce moment, d'écraser un autre peuple, de l'étouffer sous sa main brutale, et de lui dire : tu seras à moi. Tous alors devront sortir de l'état de nature où ils ont vécu si longtemps; c'est librement et sans violence que leur unité se devra former : or toutes ces idées, ce me semble, ne sont pas des idées romaines.

III

Voilà donc en présence des principes bien différents, bien ennemis les uns des autres, et leur lutte commencera bientôt. Les races germaniques, comme à un signe de Dieu, vont venir ; et, avec leur respect inné de l'individu, qu'elles tiennent du seul enseignement de la nature, cette première institutrice des hommes, on les verra toujours comprendre, garder et défendre mieux qu'aucune autre le divin enseignement du Christ.

Comme au sortir des fanges du monde romain, nous nous sentons heureux à la vue de cette première société chrétienne, si pure et si sainte! Elle aussi peut avoir ses taches, mais comme les ombres qui s'y trouvent se perdent et disparaissent dans l'éclatante lumière de l'ensemble! Quel spectacle plus sublime en effet que de voir remonter des âmes à la vie, des hommes déchus à la dignité d'hommes libres, et enfin tout ce qui était bas, dégradé et rampant dans une société en dissolution se relever peu à peu et de plus en plus se rapprocher d'en haut? Et comme cette société est près par instants de la société idéale dont nous parlions : comme la foi suffit pour que le bien s'y fasse, et comme, sans l'incessante intervention de la loi, on secourt et protége les orphelins, on nourrit les pauvres, on prend pitié des vieillards et des faibles, on demeure dans la paix et dans la justice! Qu'elle est belle ainsi cette première Église, au milieu de tous les souffrants et de tous les attristés, ainsi que le Christ parmi les petits enfants! Qu'il console de douleurs son virginal sourire! Qu'elle réchauffe de lèvres à son baiser d'amour, et, comme tout étonnés, les esclaves la regardent!

Mais cette merveilleuse semence, qui mettra des siècles à se développer tout entière et qui ne l'est pas encore aujourd'hui, on cherche déjà à l'étouffer, et les Césars se sont bien vite inquiétés de tous ces nouveaux venus dans l'Empire. Les Chrétiens s'associaient : or, le despotisme ne voulait pas de ces réunions mystérieuses qui pouvaient devenir des foyers d'agitations et de troubles ; il imposait l'uniformité dans l'État, et les Chrétiens la détruisaient ; il y avait une religion, qui était la religion de l'empereur et du pays : ceux qui ne la suivaient pas, se déclaraient en opposition avec elle ; et un tel état de choses ne pouvait pas durer.

Alors toutes ces persécutions que vous savez, toutes ces douleurs et toutes ces morts sublimes pour la liberté religieuse ; alors tous ces saints héroïsmes, que nous reverrons, hélas ! chez les protestants. Des hommes de cœur se trouvent donc par le monde, qui avant d'obéir à l'empereur obéiront à leur conscience, et qui aimeront mieux, quand il le faudra, perdre leur fortune et leur vie, que leur foi et leur honneur. Aussi, crimes et infamies de ce vieil Empire romain, j'oublie tout quand m'apparaissent dans leur éclatante auréole les figures sereines de ces grands martyrs; j'oublie les bourreaux en contemplant la beauté des victimes; celles-ci me rendent pour l'humanité l'estime que celles-là m'avaient fait perdre, et, comme chrétien et comme homme, je me sens tout fier de tels chrétiens et de tels hommes.

Ils ne firent cependant aucune révolution politique. Leur manière de combattre était celle qu'il y a quelques jours, employaient aussi les Polonais : ils allaient droit vers les bourreaux, se faisaient tuer et tombaient morts en regardant les cieux. Et de fait, ils ont vaincu avec cette manière de combattre : que ceux qui les ont dernièrement imités, puissent vaincre de même! Qui cependant aurait pu croire à l'étonnant triomphe des chrétiens! Voilà des gens qui sans armes et en tout petit nombre s'avancent sur un Empire, et qui proclament que cette immense Empire, ils le conquerront tout entier. Qui ne rirait d'une telle assurance? Et cependant il s'accomplit, ce grand miracle : la force est terrassée par l'esprit; elle est vaincue par son ennemi invisible, et cet Empire est aux chrétiens, comme ceux-ci l'avaient annoncé. Leurs seules armes, ce fut l'esprit qui commande à

sa matière, et l'amour qui produit l'amour.
Merveilleuse révolution ! Elle s'est faite presque
à l'insu de tous. Apprenons de là comment se
font les vraies révolutions, les seules qui
durent et soient fécondes.

Mais, après cette victoire magnifique, ce
qui s'était vu déjà pour les Romains en Asie,
eut lieu de nouveau pour les chrétiens dans
l'Empire. D'abord la victoire aux plus dignes :
puis les vainqueurs dans le monde empesté
des vaincus, boivent comme un poison qui
est dans l'air; et les vaincus se voient vengés.
C'est en effet une des lois de la vie, et l'une
des plus certaines, que deux éléments puis-
sants ne peuvent demeurer en présence sans
qu'ils se modifient et s'altèrent l'un l'autre :
vous en avez mille exemples dans l histoire de
la littérature, des arts, de la législation, de la
politique, de la philosophie; et voilà maintenant le même phénomène dans l'histoire de
l'Église et des idées chrétiennes.

De là pour l'Église, de là pendant des siècles,
ce trouble incessant, ces deux natures qui à
toute heure se combattent en elle, l'une sainte
et divine, l'autre qui n'appartient qu'aux dé-
mons; de là cet étonnant mélange de vertus

sublimes et de crimes hideux, d'aspirations célestes et d'ambitions furieuses, de douceur virginale et d'affreuses colères.

Oui, elle est bien romaine, cette passion qui la tourmentera si longtemps, et pour son éternel malheur, de l'ordre à tout prix dans une unité apparente ; et comme elle est romaine aussi son organisation tout entière, et cette idée de diriger les consciences comme on dirige des bataillons. Tout obéissait à l'empereur : tout le monde spirituel obéira au pape, il sera l'autorité souveraine d'où tout relèvera et tout dépendra ; il sera le souverain juge, la loi vivante : et mort et anathème à qui refusera de lui obéir.

M. Réville a très bien expliqué cette grande transformation de l'Église, et nous allons lui laisser ici la parole. Il montre d'abord comment le christianisme prend bien vite un sens tout pratique dans la partie vraiment romaine de l'Empire, et comment de très bonne heure, par exemple, l'un de ses principaux soucis y est la discipline et le gouvernement de l'Église. « Réaliser, dit-il, l'unité de l'Église, fut à Rome plutôt qu'ailleurs, un but qui se présenta de lui-même aux esprits. Mais pour réaliser cette unité, il y avait deux méthodes possibles. Ou bien pénétré de la conviction chrétienne que le cœur pur, la persuasion intérieure sont nécessaires avant toutes choses, l'on a assez de confiance dans la vérité, pour lui laisser faire son chemin par elle-même. Ou bien on établira d'abord une institution extérieure qui supposera que l'unité existe et, par un étrange paradoxe, aura pour mission de la réaliser par voie d'autorité : d'un côté on veut que le dedans soit un avant, que le dehors en ait l'apparence, de l'autre, on commence par le dehors pour arriver peut-être au dedans. La première méthode est individualiste, chrétienne et essentiellement protestante : c'est celle du Christ fondant son royaume parmi les hommes. C'est celle que supposent les paraboles du grain de sénevé, du levain, de la semence qui croît d'elle-même. L'autre moyen d'arriver à l'unité, en commençant par le dehors, suppose une certaine défiance à l'endroit de la vérité, peu de respect pour la conscience individuelle, et cherche à obtenir par le mécanisme et l'organisation, ce que les âmes lui refusent encore. Le système catholique romain en est l'épanouissement complet. Les moyens extérieurs, ajoute M. Réville, par lesquels le protestantisme infidèle à son principe essentiel, a si longtemps cherché à réaliser une unité qui lui échappe d'autant plus qu'il veut la créer artificiellement, confessions de foi, décrets synodaux, mesures disciplinaires, etc, en relèvent également. »

Ce n'est pas ici que nous pouvons développer un si grand sujet, et toute l'histoire des idées romaines; mais ce peu que nous avons dit doit suffire en vérité pour montrer que ce sont bien elles qui vont longtemps régner dans l'Église. Elles y sont entrées, comme ces dieux païens des légendes allemandes, qui pour rester dans le monde dont on les voulait chasser, ont sur leur front cornu et leurs yeux lascifs, jeté un noir capuchon de moines; et ces idées, elles vont de nouveau tout précipiter dans la décadence et dans la mort. Alors éclateront des révoltes : et contre elles, on emploiera, le peut-on croire? les mêmes persécutions et les mêmes tortures, que les Romains jadis employèrent contre les chrétiens. Ce fut en vain pendant des siècles qu'on voulut lutter contre ce violent despotisme, qui si longtemps étouffa tant de pensées viriles et accabla tant d'âmes grandes. Les vainqueurs même se croiront un moment à l'abri de tout danger, quand tout à coup, et de nouveau par les Germains, se fera la résurrection du monde. Une fois déjà ils l'avaient sauvé, en remettant dans ses veines, qu'avait affaiblies la tyrannie des Césars, un peu de sang nouveau et d'énergie naturelle : et une seconde fois ils rendront l'air et la liberté à l'esprit de l'homme qui se mourait; une seconde fois, ils nous referont libres. Voilà pour l'Église.

Dans la société politique, l'invasion germanique avait bien repoussé les idées romaines un instant, mais ne les avait pas étouffées à jamais. De bonne heure même, l'Église les avait pour ainsi dire recommandées aux rois. L'image de la monarchie de Constantin et de l'Empire si tranquille de Byzance, c'était une séduction bien grande pour tous ces malheureux princes qui ne savaient encore ni se faire obéir ni même respecter. On ne peut nier du reste que ce que l'Église faisait alors, ne fût pour le monde un bienfait véritable : c'était peu à peu dans ces temps si sombres et

si affligés, mettre un peu d'ordre et de repos,
Mais avec le bien se glissa le mal, et le mal,
l'Église ne le vit pas entrer. Quand elle le vit
même, il faut dire qu'elle ne le combattit pas :
on sait qu'elle fit alliance avec les Philippe II
et les Louis XIV, et ce n'est pas là l'un des
spectacles les moins tristes de l'histoire. Les
rois du reste et les empereurs, n'eurent pas
longtemps besoin d'elle pour se guider dans
cette voie de la monarchie romaine, qui leur
devint si familière. Écoutez ce que du droit
romain dit Henrys, un de ses anciens apolo-
gistes : « Nos rois l'ont toujours considéré
comme le droit fondamental de leur royaume,
et avec raison ; car c'est véritablement une loi
monarchique ; elle donne au prince un pouvoir absolu sur les personnes et les biens de
ses sujets ; elle punit avec une sévérité extraor-
dinaire la fureur de ceux qui osent attenter à
sa personne, ou entreprendre sur son autorité ; elle étend même la peine sur les enfants
du coupable ; *cette loi à mis entre les mains du
prince tout le pouvoir du peuple ;* elle déclare
qu'à lui seul appartient le droit de faire les
lois et de les interpréter.... »

La réforme, qui fut une si grande révolution, n'amena pas dans l'ordre politique tout ce qu'on pouvait espérer d'elle. C'est qu'en effet, au même moment où le protestantisme rendait à grands flots au monde l'esprit germanique et chrétien, la renaissance refaisait un magnifique triomphe à toutes les idées de l'antiquité, et avec elles à toutes les idées romaines, bonnes ou mauvaises. Nous venons de voir comment les rois les accueillirent. Or, la révolution française, qui détruisit les rois, ne détruisit pas par malheur toutes les idées fondamentales qui avaient pu servir leur tyrannie. Il y a là des choses que l'on ne voit pas assez, et que M. Laboulaye a toujours très bien comprises et très bien dites. La révolution, commencée au nom des principes germaniques, et au nom, par exemple, de la liberté individuelle, finit plutôt beaucoup à leur désavantage qu'à celui des idées romaines. Tous les hommes de 89 voulaient bien des citoyens énergiques et forts, et pour cela des citoyens libres; et voyez pourtant où aboutissent toutes ces espérances, toutes ces souffrances et toutes ces luttes. Pour reconquérir la liberté, renverser le moyen âge, ce n'était pas tout : les idées romaines étaient pour elle

encore de bien plus vieilles et de bien plus
dangereuses ennemies; il fallait, elles aussi,
les chasser à jamais, et on les replaça près du
trône.

IV

Ainsi des idées romaines, que de choses qui sont restées, et que dès l'enfance nous n'apprenons même qu'à considérer avec respect! Ici ou ailleurs, sont-ils bien nombreux aujourd'hui ceux qui combattent la puissance exagérée qu'elles donnent à l'État sur l'individu, et par conséquent leur esprit même; ceux qui dénoncent comme un immense danger les excès de la centralisation; ceux qui montrent que l'union de l'Église et de l'État est une chose mauvaise pour tous deux, et qu'en France, pour sauver l'enseignement, il faut que l'État s'en mêle beaucoup moins et laisse aux universités une liberté plus grande, et que notre organisation de la magistrature est vicieuse, et que le principe des armées permanentes est un principe funeste, et que mille principes encore, que tous les jours nous voyons sans crainte, méritent enfin de la méfiance, et souvent même quelque chose de plus.

Vous avez vu où ces idées romaines avaient toujours conduit ceux qui leur abandonnaient chez eux une trop grande autorité : vous avez vu que c'était au despotisme et à la mort. Elles aiment beaucoup employer la force; mais ce que la force a construit, elle le peut détruire à toute heure; et dans ces pays où elles promettent d'apporter un ordre et une tranquillité sans fin, ce sont toujours des révolutions ou des menaces de révolutions, tantôt au sujet du trône, tantôt au sujet des richesses et de l'inégalité des positions, parce que cet ordre si vanté, il n'est qu'à la surface et nullement réel.

Et, au contraire, vous savez que c'est le continuel souci des idées chrétiennes et germaniques de fortifier de plus en plus l'individu, pour le faire de plus en plus libre. Vous savez que toutes les libertés, c'est en effet ce grand mouvement qui les a données au monde : que c'est à lui qu'on doit la liberté de conscience, la liberté d'examen, celle de l'enseignement, celle de la presse, celle de la commune, toutes enfin, parce que toutes se tiennent.

Le principe qui domine ces idées chrétiennes et germaniques, c'est qu'on est tenu envers l'individu et ses droits à un immense respect, et que ce respect on le doit toujours conserver, si indignes que puissent être ceux qui en sont l'objet. S'agit-il d'un homme dégradé, d'un criminel, par exemple? Que la société ne l'écrase pas de tout le poids de sa colère et de sa vengeance, qu'elle pense plutôt à le relever de son abaissement et à le refaire honnête. S'agit-il enfin d'un peuple qui tombe? il en est de même : Qu'on ne songe qu'à lui rendre sa dignité et sa grandeur, et qu'on ne fasse rien, rien au monde, pour qu'il descende plus bas et s'enfonce davantage dans la servitude et dans la honte.

Il faut donc que ceux qui dirigent la société, lui donnent une forte éducation, pour y entretenir la santé et la vigueur : Or, cette éducation, sans liberté la peut-on concevoir? et surtout, quand s'affaiblit chez un peuple le sentiment religieux, qui est le respect de Dieu, ne sentez-vous pas qu'alors la liberté, qui est le respect des hommes, il la faut à tout prix, où l'âme de la nation s'affaisse et se dégrade à jamais, comme toute âme ici-bas d'où l'esprit de respect est parti.

Cette large éducation, que le Christ veut partout, répandez-la donc : car voilà le salut des peuples. Elle permet l'indépendance des masses; et vous n'avez plus à craindre que la cité ne s'élargisse, que les jours de la démocratie n'arrivent, et que son flot énorme, comme aux temps des Césars, n'apporte avec lui tant de vices et d'impuretés qu'il ne corrompe ainsi la nation tout entière, puisque par elle vous avez le moyen de purifier ce sang nouveau, et que par elle, en bas comme en haut, vous créez des hommes grands et sûrs.

Voyez aujourd'hui même les nations les plus tranquilles, où la paix est la plus profonde et n'est pas qu'artificielle et fausse; voyez celles où le matérialisme et le socialisme, son frère, ont le plus de peine à pénétrer, et celles aussi qu'ont le moins troublées les secousses de nos révolutions, ce sont des nations vraiment libres et vraiment chrétiennes, parce que l'ordre n'y est pas fondé sur la force, mais sur la justice, et parce que de bonne heure, grâce à une virile éducation, on a donné à la société une âme sainte, et le sentiment du devoir à tous les citoyens.

Alors en effet il en est de ces citoyens par rapport à la société, comme de cités fortes par rapport à un empire. Ayez, par exemple, dans un pays beaucoup de cités puissantes, en ayant beaucoup de cités libres, et qu'un jour le pays soit envahi. Avec des cités qui ne seront pas affaiblies au profit de la capitale, ce n'est pas seulement au centre que vous verrez une lutte sérieuse contre l'ennemi ; il y en aura partout. Et, de même, que le mal dans la société fasse un jour irruption et menace de la ruiner de fond en comble ; avec des citoyens énergiques de tous côtés vous aurez aussi mille résistances et mille combats ; le prince en face de son invasion terrible ne sera pas seul à lutter, lui et son escorte de lois ; partout, il y aura des citoyens pour faire ce qu'il fait lui-même, et avec une telle levée d'hommes, que redouterez-vous donc jamais ?

Or il est temps de créer cette armée. La corruption nous atteint, l'heure est grave : que les hommes d'État s'en aperçoivent. Tous les grands peuples ont eu leur décadence : Aurons-nous aussi la nôtre? Est-il une loi fatale qui pousse à la mort les nations comme les individus? Nous faudra-t-il périr comme tant d'autres ont péri? Ne peut-on pas lutter contre cette horrible destinée, et qu'un jour de nouveau des peuples se ruent dans la servitude et la dégradation, faudra-t-il alors, comme Tacite autrefois, contempler tout cela et ne pouvoir rien faire, et n'avoir qu'à se croiser les bras, en serrant les dents, en périssant de douleur? Eh bien, non, je l'espère. Il n'y a pas de loi fatale qui condamne des peuples à des siècles de honte. En face du mal, les peuples sont libres, comme les hommes le sont, et leur vie ou leur mort sont dans leurs mains. Or ce que nous voulons, c'est qu'on ne prenne pas la mort. Il y a assez de lumière aujourd'hui pour qu'en vérité ce ne soit plus dans l'ombre qu'on ait à choisir. Ce que nous voulons, c'est qu'on regarde avec soin où l'on va, et qu'on ne s'abandonne pas à des idées sans bien savoir où elles vous conduisent. Autrefois, pour se guider, l'on n'avait pas l'expérienee des âges, et il fallait souvent marcher comme à tâtons : mais eette expérience on l'a aujourd'hui ; et c'est pour eela qu'aujourd'hui l'on ne pourrait plus pardonner à des hommes politiques les fautes qu'on aurait pu leur pardonner autrefois.

Nous, nous affirmons que les idées romaines, c'est le despotisme et la mort, et nous affirmons aussi que le salut au contraire est dans la liberté et le christianisme. La liberté, elle met, au sein des nations, une âme toujours virile, des énergies toujours renaissantes, et elle empêche sans cesse que les bas instincts de la matière n'y étouffent à jamais leurs instincts grands et nobles. Quant au christianisme, nous l'avons vu, il pacifie tout, il unit tout, il s'inquiète de toutes les souffrances et les guérit toutes. Et liberté et christianisme ne se doivent jamais séparer. La liberté sans l'esprit chrétien est mauvaise ; car plus on a de liberté, plus il faut avoir de charité et de justice ; moins on a la *loi*, plus il faut la *foi :* et d'autre part aussi le christianisme, dans les pays qui ne sont pas libres, est mal compris en général et mal enseigné. Leur union, voilà donc le salut des peuples. Que les bienfaits de cette union, on ne cherche qu'à les continuer et à les développer partout.

Que partout donc à la place des idées romaines ce soient les idées chrétiennes et germaniques qui triomphent. Qu'ils finissent les temps anciens et que les temps nouveaux commencent! Que l'on comprenne bientôt que ce qui fait le bonheur des États, ce n'est en vérité, comme le disait St-Augustin, que ce qui fait le bonheur des hommes, puisqu'un État n'est qu'une multitude d'hommes unis entre eux par les liens de la société. Que l'on comprenne qu'un État n'est vivant et fort qu'autant que se soutient en lui une vie morale énergique et puissante. Qu'on reconnaisse aussi qu'il est plus beau pour les princes de régner sur des hommes libres, que de n'être entourés jamais que de lâches complaisants et de bas flatteurs. Autrefois la gloire était à l'ambitieux qui, pour monter le plus haut, avait jeté sous ses pieds le plus d'hommes et de nations qu'il avait pu : qu'elle soit désormais pour les gens de bien et les humbles de cœur qui, à tous les honneurs et à toutes les conquêtes, ont sans cesse préféré la justice et sans cesse combattu pour elle. Admirez ceux qui vous font libres, et non ceux qui vous font esclaves. Que la grandeur des Washington, cette grandeur simple si bien enseignée par le Christ et par Channing de nos jours, soit celle de ces temps nouveaux. « Justice, comme disait si admirablement M. Royer-Collard, justice, confiance, générosité, tant calomniées par la jalouse tyrannie, vous n'êtes pas seulement le plus noble sentiment des âmes humaines, vous êtes encore la plus vaste pensée des gouvernements, et la plus haute conception des législateurs ! » Que ce soit à la fin la pensée de tous les gouvernements : et alors on respectera les peuples comme on respecte des citoyens, et l'on respectera un citoyen comme on respecte un peuple ; et l'on aura la liberté des citoyens, la liberté des communes, la liberté des nations ; et l'on aura ce règne sublime de la justice, qu'annonçait l'Évangile, et que nous attendons toujours !

Juin 1861.

FIN

NOUVELLES PUBLICATIONS.

HISTOIRE.

G Bancroft Histoire des Etats Unis d'Amerique, 10 v in 8° 5 fr le vol

R W Emerson Les representants de l'humanite 1 v ch' 3 fr 50 (*Sous presse*)

Xavier Eyma La Republique americaine Les institutions, les hommes 2 beaux et forts vol in-8° Prix 12 fr

Les 34 etoiles de l'Union americaine (Histoire des 34 Etats de l'Union et des territoires) 2 vol in-8° Prix 12 francs (*Sous presse*)

G G Gervinus Introduction à l'histoire du xix° siecle 1 v in 8° Prix 3 fr

J G Herder Idees sur la philosophie de l'histoire 3 vol in 8° 15 fr

A Lacroix et **Van Meenen** Notices historique et bibliographique sur Philippe de Marnix avec portrait In 8° 1 fr 60 c

F Laurent Van Espen Etude sur l'Eglise et l'Etat 1 vol charpentier Prix 3 fr 50 c

P De Marnix Ecrits politiques et historiques 1 vol in-8° 4 fr

Correspondance et Melanges 1 fort vol in-8° Prix 5 fr

J L Motley Fondation de la Republique des Provinces-Unies La Revolution des Pays-Bas au xvi° siecle 8 demi-volumes in-8° Prix 16 francs

Guillaume de Nassau Apologie de Guillaume de Nassau, prince d'Orange, avec tous les documents de l'epoque la justification de 1568, etc 1 fort vol in-12 relie Prix 5 francs

VOYAGES ET DESCRIPTION DE PAYS

H Barth (le docteur) Voyages et decouvertes dans l'Afrique septentrionale et centrale 4 beaux vol in-8° avec gravures portrait, chromo-lithographies et carte Prix 24 francs

Chine contemporaine (la) Mœurs, description du pays, histoire, religion, arts, etc 2 vol charp Prix 7 fr

J Froebel A travers l'Amérique 3 vol charp 10 fr 50 c

PHILOSOPHIE ET RELIGION

P Larroque Examen critique des doctrines de la religion chrétienne. beaux vol in-8° Prix 15 fr, 2° édition.

Renovation religieuse 1 vol in-8°. Prix 7 fr, 2° edition

De l'esclavage chez les nations chretiennes 1 vol in-12 2 francs

Philippe de Marnix Le tableau des differends de la religion 4 vol in-8°. Prix 16 francs

De Bijenkorf (La ruche à miel de l'Eglise romaine) 2 vol in-8° 7 fr

P Voituron Recherches philosophiques sur les principes de la Science du Beau 2 vol in-8°

LITTERATURE ET BEAUX-ARTS

H Aubertin Grammaire moderne des ecrivains francais 1 fort vol in-8° 6 francs

G Bancroft Essais et Mélanges. 1 vol in 8° Prix 5 fr

A Castelnau Zanzara Etudes sur la renaissance en Italie Roman historique 2 vol format charp Prix 7 fr

C L Chassin A Petœfi Le Poète de la revolution hongroise 1 v charp. 3 fr 50 c

G W Curtis Reveries d'un homme marie 2 vol in-32 2 fr 50 c

Doering (docteur H) Mozart, sa biographie et ses œuvres 1 vol in-18 Prix 1 fr 25 c

Gretry Memoires ou Essais sur la musique, suivis de Mélanges 2 vol. format charpentier

A De Humboldt Correspondance avec Varnhagen von Ense et autres contemporains celebres 1 beau et fort vol in 12 5 fr

Albert Lacroix De l'influence de Shakspeare sur le theatre francais jusqu'a nos jours Ouvrage couronne 1 vol gr in-8° Prix 5 fr

H G Moke Du sort de la femme dans les temps anciens et modernes. 1 vol in 12 Prix 2 fr

Nibelungen (Le Poeme des), traduction par Emile de Laveleye, sur les textes originaux 1 fort v in 12 3 fr 50.

Ligne (Prince Charles de) Œuvres historiques, litteraires, poetiques, dramatiques, melanges, correspondance. 4 vol charpentier Prix 14 fr

Memoires, suivis de Pensees 1 vol. charpentier 3 fr 50 c

Le roman du Renard Poeme, trad. en vers, sur les textes originaux par Ch Potvin, 1 vol charp 3 fr 50 c